교회와 국가는
어떤 관계인가?

What Is the Relationship between Church and State?
(Crucial Questions)
by R. C. Sproul

Copyright ⓒ 2014 by R. C. Sproul
Published by Ligonier Ministries
421 Ligonier Court, Sanford, FL 32771, USA.
Ligonier.org

This Korean edition copyright ⓒ 2025 by Word of Life Press,
Seoul, Korea.
Translated by permission.
All rights reserved.

교회와 국가는 어떤 관계인가?

ⓒ 생명의말씀사 2025

2025년 4월 22일 1판 1쇄 발행

펴낸이 | 김창영
펴낸곳 | 생명의말씀사

등록 | 1962. 1. 10. No.300-1962-1
주소 | 서울시 종로구 경희궁1길 6 (03176)
전화 | 02)738-6555(본사) · 02)3159-7979(영업)
팩스 | 02)739-3824(본사) · 080-022-8585(영업)

기획편집 | 유영란, 박경순
디자인 | 김혜진
인쇄 | 영진문원
제본 | 다온바인텍

ISBN 978-89-04-16914-6 (04230)
ISBN 978-89-04-70115-5 (세트)

저작권사의 허락 없이 이 책의 일부 또는 전체를
무단 복제, 전재, 발췌하면 저작권법에 의해 처벌을 받습니다.

WHAT IS THE
RELATIONSHIP
BETWEEN
CHURCH AND STATE?

교회와 국가는 어떤 관계인가?

공권력 / 시민 복종 / 칼과 열쇠 / 국교 / 악의 도구 / 시민 불복종

CONTENTS

01 — 공권력   · 7

02 — 시민 복종   · 21

03 — 칼과 열쇠   · 33

04 — 국교   · 47

05 — 악의 도구   · 59

06 — 시민 불복종   · 71

01

공권력

WHAT IS THE RELATIONSHIP BETWEEN CHURCH AND STATE?

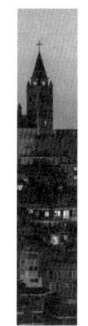

　몇 해 전 나는 플로리다주 주지사 취임 기념 조찬기도회에 기조연설자로 초청받았다. 거기서 내가 전한 메시지는 그곳에 모인 청중뿐 아니라 주지사 본인을 향한 것이기도 했다. 나는 그 행사가 교회의 임직식과 비슷하다는 이야기를 꺼냈다. 임직식은 거룩한 복음 사역을 위해 한 사람을 구별해 드림으로써 그가 교회를 위한 소명에 헌신하도록 하는 예식이다. 나는 다음과 같은 말로 주지사의 직책이 얼마나 엄중한 것인지 강조하고자 했다.

　오늘은 주지사님의 취임식 날입니다. 오늘 주지사님은 취임 연설과 취임 예식을 하실 것입니다. 주지사라는 직책은 마치 제게 있는 목사의 직분처럼 하나님이 정하신 자리입니다. 하나님의 권세로 인해 정부라는 것이 존재합니다. 하나님이 주지사님을 사역자의 자리로 부르셨습니다. 이 사역은 지역 교회의 설교자가 아니라 이 나라의 공직자로서 감당해야 할 사역입니다. 그러나 주지사의 직책에 자의적인 권한이 주어지는 것은 아닙니다. 주지사님의 권한은 그것이 무엇이든 오직 모든 권세의 주인이신 분, 곧 하나님이 위임하신 권한입니다.

결국 주지사님이 사용하실 정부의 통치권은 그 근원이 하나님께 있는 것입니다. 이에 저는 오늘 주지사님께 간곡한 심정으로 다음과 같이 촉구합니다. 앞으로 주지사님이 이 직책을 어떻게 수행하시는지 하나님이 그 책임을 물으시리라는 사실을 항상 기억하시기 바랍니다.

아울러 교회와 국가는 별개라는 신화적 개념에 마음을 빼앗기지 않으시길 기원합니다. 국가는 교회와 마찬가지로 하나님이 세우시고 정하셨으므로 국가의 모든 권력은 하나님의 권세를 위임받은 것입니다. 그러므로 국가는 하나님께 그 책임을 다해야 합니다.

그 당시에는 우리가 사는 주의 주지사에게 이런 말을 하는 것이 가능했다. 하지만 요즘 이런 이야기를 꺼낸다면 광야에서 외치는 소리가 되고 말 것이다. 우리가 사는 사회는 급격히 세속화되었고, 시민 정부는 하나님 앞에 아무런 책임도 지지 않으며, 오히려 신을 부인할 수 있는 권리까지 있다고 여기게 되었다.

미국에서는 **정교분리**라는 말을 심심치 않게 들을 수 있는데, 사실 이것은 미국의 건국 문헌들에는 등장하지 않는 문구다. 독립선언서, 헌법, 권리장전 등에는 이런 표현이 나타나지 않는다. 단지 토머스 제퍼슨(Thomas Jefferson)이 건국 문헌들 안에 내포되어 있다고 믿었던 특정 원리들에 대해 언급한 말에서 기인했을 뿐이다. 하지만 교회와 국가의 절대적 분리라는 이 원리는 어쩌면 이제 미국 문화에 유일하게 남아 있는 절대 가치가 되어 버린 것 같다.

기독교가 태동하던 시기부터 교회와 국가의 관계는 큰 관심사였다. 구약 성경을 보면 이스라엘은 기름 부음을 받은 왕을 통해 하나님이 다스리신 신정 국가였음을 알 수 있다. 물론 교회와 국가 사이에 일정 부분 차이가 있기는 했지만(예컨대 제사장의 일은 교회의 일이고, 왕의 일은 국가의 일이었다), 두 기관은 매우 밀접하게 결합되어 있었기 때문에

이 둘을 분리하는 것은 잘못이다.

그러나 신약의 공동체가 형성되자 교회는 세속 정부가 다스리는 여러 나라, 족속, 민족에게 복음을 들고 나가는 선교적인 교회가 되었다. 그리스도인은 교회가 퍼져 나가는 곳마다 자신들이 로마 제국, 고린도의 관리, 지역 당국과 어떤 관계를 맺어야 하는지 의문이 생겼다. 수 세기 동안 교회는 사회 안에서 어떤 역할을 감당해야 하는지 신중히 고찰해야 했고, 특히 그 사회가 공식적으로 기독교적 세계관을 표방하지 않을 때 더욱 그러했다. 교회와 국가의 관계를 성경적 관점에서 이해하려면 우리는 몇 가지 근본적인 질문을 던져야 한다.

정부의 형태나 조직은 매우 다양하다. 하지만 정부의 본질, 즉 정부의 근본적인 원리는 무엇인가? 이 질문에 대한 답은 한 단어다. **힘**이다. 정부는 곧 힘이다. 그러나 평범한 힘이 아니다. 그 힘은 공식적이고 법적인 조직으로 지탱된다. 정부는 힘을 사용해 시민에게 특정 행위를 강요하거나 금지하는 법적인 권한을 부여받은 조직이다.

몇 해 전 나는 미국의 저명한 상원 의원 한 명과 점심 식사를 한 적이 있다. 우리는 과거 커다란 논란 중에 진행되었던 베트남 전쟁에 대해 몇 가지 사안을 이야기 나눴다. 그때 그는 이런 말을 했다. "저는 그 어떤 정부도 국민이 원하지 않는 일을 그들에게 강요할 권리는 없다고 믿습니다." 그 말에 나는 수프를 삼키다가 하마터면 사레가 들릴 뻔했다. 나는 이렇게 답했다. "의원님, 지금 하신 말씀은 어떤 정부도 통치할 권리가 없다는 말처럼 들립니다. 만약 정부의 합법적인 공권력을 제거해 버린다면 정부의 역할은 그저 법을 제안하는 것으로 축소됩니다. 하지만 정부가 어떤 법을 제정할 때는, 제정된 법을 집행하는 역할도 그 정부에 있다고 보는 것이 마땅하지 않겠습니까?"

본질적으로 정부의 원래 형태는 하나님 자신의 다스림과 권위에 기반한다. 하나님은 온 우주의 창조자이시며, 창조자 되심으로써 피조물에 대한 그분의 권위를 가지신다. "땅과 거기에 충만한 것…은 다 여호와의 것이로다"(시 24:1).

창조 기사를 보면 일종의 정부 형태가 나타남을 발견할 수 있다. 하나님은 인간을 창조하실 때 그들에게 다음과 같은 사명을 주셨다. "생육하고 번성하여 땅에 충만하라, 땅을 정복하라, 바다의 물고기와 하늘의 새와 땅에 움직이는 모든 생물을 다스리라"(창 1:28). 아담과 하와는 하나님을 대신하는 통치자로서 피조 세계에서 마치 그분의 대리인과 같은 역할을 해야 했다. 하나님은 아담과 하와에게 땅에 대한 영유권을 위임하시고 그들이 동물에 대한 권위를 행사하게 하셨다. 그 권위는 사람에 대한 것이 아니라 땅과 주변 환경, 그 안에 있는 피조물, 곧 하나님이 창조하신 모든 열등한 형태의 피조물에 대한 것이었다.

하나님은 또한 아담과 하와에게 금지 사항도 주셨다. 선악을 알게 하는 나무의 열매를 먹지 말라는 것이었다. 아울러 만약 그들이 그분의 명령을 어기면 어떻게 되는지 무시무시하게 경고하셨다. "네가 먹는 날에는 반드시 죽으리라"(창 2:17). 이 말씀은 그분의 권위로 징벌적 제재가 가해질 것이라는 의미였다. 실제로 아담과 하와는 그분의 다스리심을 거역하고 그분의 권위에 저항했지만 그 순간 곧바로 육체적 죽음을 맞지는 않았다. 대신 그들은 영적 죽음을 겪었다. 하나님의 은혜와 긍휼로 육체적 죽음이 나중으로 미뤄진 것이다. 그러나 이 배반한 피조물들에게 그분이 내리신 한 가지 형벌은 그들을 에덴동산 밖으로 내쫓는 것이었다.

다음으로 우리는 하나님이 에덴동산 입구에 세우신 천사들을 통해 이 땅의 정부에 나타나는 특징적인 모습을 보게 된다. 천사들은 두루 도는 불 칼과 함께 에덴으로 들어가는 길목에 섰다. 이 불 칼은 아담과 하와가 다시 낙원 안으로 들어오는 것을 무력으로 막는 역할을 한 것이다.

그다음 생각해 봐야 할 문제는 정부의 목적이다. 교회 역사 초기에 성 아우구스티누스는 정부가 필요악이라고 말했는데, 그 이유는 세상의 타락한 인류 가운데서는 도덕적으로 완전한 정부를 찾는 것이 불가능하기 때문이다. 모든 정부는 그 조직이 어떤 모습을 띠든 죄성을 지닌 인간들로 구성되었기에 타락한 인간의 본성을 대변할 수밖에 없다. 인간의 정부가 부패할 수 있음을 모르는 사람은 아무도 없을 것이다. 아우구스티누스가 주장한 핵심은 다음과 같다. "정부 그 자체는 악하지만, 없어서는 안 될 필요악이다. 왜냐하면 우리가 사는 세상의 악은 억제되어야 하기 때문이다." 그 억제 수단 중 하나가 바로 인간의 정부다. 이런 점에 비추어 볼 때 아우구스티누스는 타락 이전에는 정부가 필요하지 않았다고 주장했다.

토마스 아퀴나스는 이 점에 대해 아우구스티누스의 생각에 동의하지 않았다. 그는 노동 분업을 관리하는 데 여전히 정부의 역할이 있다고 보았는데, 이는 세상이 타락하지 않았다는 가상의 전제에서만 상상할 수 있는 일이었다. 물론 토마스 역시 정부의 일차적 목적은 악을 억제하는 일이라는 점에 이견이 없었다. 토마스나 아우구스티누스에게 정부를 세우는 일차적 목적은 인류의 악을 억제해 인간이 존재할 수 있는 가능성을 보존하는 것이었다. 그러므로 정부의 첫 번째 직무는 사람을 악으로부터 보호하고, 나아가 사람의 생명을 보존하고 유지하는 일이다.

정부가 수행하는 또 다른 역할은 사람의 재산을 보호하는 일이다. 세상에는 타인의 재산을 훔치거나 악용하거나 파괴하는 방식으로 남에게 해를 가하려는 이가 많기 때문이다.

정부의 마지막 역할은 합의를 규제하고, 계약을 실현시키며, 공정한 추와 저울을 보장하는 일이다. 정부는 부정한 기만행위로부터 사람을 보호해야 한다. 정육점에서 저울에 고기를 달 때 손가락으로 슬며시 저울을 눌러 무게를 늘리는 것은 물건의 가격을 사기 수법으로 높여 소비자에게 손해를 끼치는 일이다. 따라서 정부는 도량형, 계량법, 표준을 마련해 이러한 행위를 규제할 필요가 있다.

하나님이 정부를 만들어 인류를 보호하려 하셨지만, 그 보호의 대상이 인간으로만 국한되었던 것은 아니다. 정부는 인간과 함께 세상 자체를 보호하는 역할을 한다. 아담과 하와가 광활한 동산에 놓였을 때, 그들은 하나님에게서 그 동산을 돌보고 개간하고 경작하라는 명령을 받았다. 따라서 그들은 이 세상을 악용하고 오용하는 것은 자기들의 소명이 아님을 알고 있었다. 그러므로 정부는 인간이 하나님의 대리인으로 부름받았다는 사실을 반영하는 기관으로서 우리가 하나님의 피조물과 피조 세계를 어떻게 다루어야 하는지 규제하는 역할을 맡는다. 그 대상에는 사람뿐 아니라 모든 동물과 우리가 살아가는 환경도 포함된다.

이런 규제는 좋은 것이지만, 정부의 규제는 그것이 아무리 순화된 모습을 띤다 하더라도 사람들의 자유를 제한하게 된다는 점에 주목해야 한다. 미국인인 우리는 자유 국가에 살고 있음을 자랑스럽게 생각하며, 이것은 상대적으로 보면 사실이기도 하다. 하지만 어느 나라의 그 누구도 완전한 자유를 누리며 살았던 사람은 없다. 입법 기관이 제정한 모든 법은 누군가의 자유를 제한할 수밖에 없기 때문이다. 만약 살인을 금하는 법을 제정한다면, 그것은 살인의 고의를 갖고 누군가를 죽이려는 범죄자의 자유를 제한하는 것이다. 일단 법이 만들어지면 모든 법은 누군가의 자유를 제한하게 된다. 개중에는 제한하는 것이

마땅한 자유도 있지만(예컨대, 살인의 자유), 때로는 그렇지 않은 자유도 있다. 그래서 어떤 법을 통과시키려 할 때는 늘 세심한 주의가 필요하다. 그 법이 초래할 결과를 신중하게 고려해야 하는 것이다. 그로 인해 사람들의 자유를 빼앗을 수 있다는 사실과 그런 상황이 부주의하게 오래 지속될수록 우리의 삶에서 자유가 더욱더 줄어든다는 사실을 명심해야 한다.

분명한 것은 하나님이 정부를 세우셨기에 지금 우리에게 정부가 존재한다는 사실이다. 그렇다면 이제 던질 질문은 "그리스도인인 우리는 그 정부와 어떤 관계를 맺어야 하는가?"다. 이 책의 나머지 부분에서는 바로 이 질문에 대한 답을 찾아보고자 한다.

02

시민 복종

**WHAT IS THE RELATIONSHIP
BETWEEN CHURCH AND STATE?**

　권위에 복종하는 일은 힘들다. 누가 나한테 이래라저래라 하는 말을 들으면 발끈하기 십상이다. "내가 하고 싶은 대로 할 테니 남의 일에 감 놔라 배 놔라 하지 마시오"라고 말해 주고 싶을 것이다. 우리는 사람들에게서 권한과 자격을 인정받고 싶어 하지 명령받는 것은 달가워하지 않는다. 그것이 우리의 본성이다.

　이와 관련해 나는 기독교적 세계관이 이방 세계의 관점과 어떤 차이가 있는지 이야기해 보려 한다. 이 둘을 구분하는 방법 중 하나는 각 세계관이 권위에 대한 책임을 어떻게 이해하는지 생각해 보는 것이다. 만약 내가 그리스도인이 아니었다면 나는 분명 권위에 대한 복종을 받아들이려 하지 않았을 것이다. 그러나 나는 그리스도인이기에 하나님이 내 위에 두신 권세에 사사건건 불순종하며 살려고 하지 않는다.

그 이유를 이해하려면 하나님 아래에 있는 정부의 기원과 역할을 신약 성경이 어떻게 설명하고 있는지 살펴보아야 한다. 사도 바울은 로마서 13장에서 이 문제를 명확하게 다루고 있다.

로마서 13장은 다음과 같이 시작한다. "각 사람은 위에 있는 권세들에게 복종하라 권세는 하나님으로부터 나지 않음이 없나니 모든 권세는 다 하나님께서 정하신 바라 그러므로 권세를 거스르는 자는 하나님의 명을 거스름이니 거스르는 자들은 심판을 자취하리라"(롬 13:1-2). 바울은 정부에 관한 논의를 시작하면서 모든 사람이 다스리는 권세에 복종해야 한다는 사도적 명령을 제시한다. 바로 이 바탕 위에 시민 복종(civil obedience)의 기독교적 기초가 놓이는 것이다.

이 같은 바울의 가르침은 신약 성경에서 비단 로마서 13장 1-2절에만 나타나지 않는다. 바울은 여기서 자신이 전에 다른 곳에서 가르쳤던 내용과 베드로 서신에 담긴 가르침(또한 우리 주님의 가르침)을 되풀이하고 있다. 그것은 곧 그리스도인에게는 시민 복종의 모범이 되어야 하는 근본적인 의무가 있다는 것이다. 우리에게는 하나님의 백성으로서 할 수 있는 한 선한 양심에 따라 정부 권력에 순종하라는 부르심이 주어진다. 바울이 지금 이 글을 로마 정부의 압제 아래 있는 이들에게 쓰고 있다는 점을 기억하라. 그는 사람들에게 결국에는 자신을 처형하게 될 정부에 복종하라고 말하는 것이다. 하지만 그가 시민 불복종의 가능성을 전혀 배제한 채 맹목적인 의미에서 그런 말을 한 것은 아니다.

일단 지금은 바울이 로마서 13장에서 그리스도인이 시민 복종에 대해 특별히 세심하고 민감해야 하는 이유를 설명하기 위한 기반을 다지고 있음을 보았으면 한다. 바울은 다음과 같이 운을 뗀다. "각 사람은 위에 있는 권세들에게 복종하라." 왜 그래야 하는가? "권세는 하나님으로부터 나지 않음이 없"기 때문이다. 베드로는 이것을 다른 방식으로 표현한다. 그는 주님을 위해 이 땅의 권세에 순종하라고 말한다(벧전 2:13). 그 말은 곧 만약 내가 하나님이 그분과 나 사이에 세우신 권세자를 존중하지 않는다면, 그것은 그 사람을 넘어 궁극적으로 그에게 권세를 주신 하나님을 멸시하는 일이 된다는 의미다.

성경에 나타나는 권세의 개념에는 위계질서가 있다. 그

리고 그 질서의 정상에는 하나님이 계신다. 궁극적으로 모든 권세는 하나님께 있으며, 따라서 하나님이 권세를 위임하지 않으시면 어떤 기관이나 사람도 권세를 부여받을 수 없다. 내가 내 삶의 모든 영역에서 행사하는 일체의 권세는 이 질서에서 파생되고 지정되고 위임받은 권세다. 즉, 내재적인 것이 아닌 외래적인 것이다. 본질적으로 근원적 권세의 주인에게서 받은 것일 뿐이다.

이와 같은 위계질서 안에서 성부 하나님은 하늘과 땅의 모든 권세를 그분의 아들 그리스도께 주신다(마 28:18). 하나님이 그리스도를 왕 중의 왕으로 앉히신 것이다. 그러므로 그리스도께서 온 우주의 주관자이시라면, 그 말은 곧 세상의 모든 왕 위에 그들을 통치하는 왕이 계시고, 이 땅의 모든 군주에게 책임을 묻는 가장 높은 군주가 계시다는 의미다. 하지만 이 세상에는 그리스도를 왕으로 인정하지 않는 이들이 압도적으로 많다는 것이 주지의 사실이다. 그분의 나라가 지금 당장은 눈에 보이지 않기에 그들은 이렇게 말한다. "그런 왕이 어디 있소? 내 눈에는 통치권을 쥐고 있는 왕이 보이지 않소." 이러한 현실에 비추어 보면, 가히 교회의 사명은 우주적이고 정치적인 차원을 지닌다.

사도행전 1장 8절에서 예수님은 그분의 제자들에게 다음과 같은 명령을 주셨다. "너희가 … 예루살렘과 온 유대와 사마리아와 땅 끝까지 이르러 내 증인이 되리라." 제자들은 **증인**이 되어야 했는데, 그렇다면 무엇을 증언해야 했을까? 맥락상 이 구절에 가장 가까이 있는 내용은 천국에 관한 논의다. 예수님은 하늘로 가시면서 이렇게 말씀하신 것이다. "내가 떠난 후에 너희는 나의 승천이라는 초월적이고 초자연적인 진리를 증언해야 할 것이다." 이러한 이유로 그리스도인인 우리가 가장 충성을 다해야 할 분은 바로 하늘에 계신 우리의 왕이시다. 우리에게는 이 땅의 권세자들을 존중하고 높이며, 그들을 위해 기도하고, 그들에게 복종해야 할 부르심이 있다. 하지만 그리스도의 권세보다 세상의 권세를 더 높이는 순간 우리는 그리스도를 배신하고 왕 중의 왕이신 그분께 반역하게 된다. 그분의 권세는 미국의 대통령이나 의회, 스페인의 국왕, 이 세상 어느 통치자의 권세보다도 더 높은 것이다.

혹 미국의 대통령이 마음에 들지 않는다면, 그가 당선되도록 결정적인 표를 던지신 분이 바로 전능하신 하나님이라는 사실을 기억하라. 물론 하나님은 대통령이 하는 일에 일일이 가타부타 하지 않으신다. 그렇다고 하나님은 자신의 권세를 대통령에게 완전히 일임하시고 "자, 이제 이 사람들을 네 마음대로 다스리거라"고 말씀하지도 않으신다. 모든 왕은 하나님의 법 아래에 있으며, 그에 따라 심판을 받을 것이다. 설령 대통령이 경건함과 전혀 거리가 먼 사람일 수도 있지만, 그럼에도 오직 하나님만이 아시는 어떤 이유가 있어서 그를 그 권세의 자리에 두신 것이다.

그렇다면 이렇게 하나님이 세우신 정부에 우리가 저항하는 일이 과연 합당한가 하는 의문이 자연히 생긴다. 이 질문에 대해서는 6장에서 좀 더 깊이 생각해 보겠지만, 여기서는 일단 우리는 정당한 사유 없이 부당한 시민 불복종에 관여하는 데는 신중을 기해야 한다는 점에 주목할 필요가 있다. 우리가 사는 이 타락한 세상에는 악이 편만하고, 이는 특히 불법적인 행위에서 두드러지게 나타난다. 성경은 그리스도인의 믿음을 대적하는 최고의 적을 "불법의 사람"(살후 2:3)으로 묘사한다. 애초에 이 세상을 멸망으로 몰아넣었던 아담과 하와의 죄가 바로 불법이었다. 그들이 하나님의 다스리심과 왕 되심에 복종하지 않으려 했던 것이다. 그래서 나는 죄가 정치의 문제라고 말하는데, 이것은 현대의 정치적 개념이 아니라 하나님이 우리 삶의 궁극적인 통치자이시라는 의미에서 그렇다. 따라서 죄를 지을 때마다 우리는 하나님의 완전한 통치에 반란을 일으키는 것이다.

로마서 13장에서 바울은 계속해서 다음과 같이 말한다. "그러므로 권세를 거스르는 자는 하나님의 명을 거스름이니 거스르는 자들은 심판을 자취하리라"(롬 13:2). 이는 권력에 대한 부당한 저항을 말하는 것이 분명하다. 구약 성경에서 사울과 다윗의 갈등을 그릴 때 다윗은 하나님이 세우신 권력 구조에 부당하게 저항하지 않으려 한 사람임을 볼 수 있다. 사울을 죽일 수 있는 기회가 여러 차례 있었지만 다윗은 사울을 해하기를 거부했다. 다윗은 사울이 비록 악했지만 그가 하나님이 기름 부으신 왕임을 알았던 것이다.

내가 다녔던 신학교에는 기독교의 핵심 진리, 예컨대 속죄, 그리스도의 신성, 예수님의 부활 같은 중심 진리를 정면으로 거부하던 교수들이 있었다. 그들은 신학교의 교수가 될 만한 온당한 자격이 없었고, 그래서 나는 영적으로 그들을 업신여겼다. 그러나 강의실 안에서는 그들을 존중하는 것이 나의 절대적인 의무라고 믿었다. 비록 자신의 직무에 태만했던 자들이지만, 그들은 권위의 자리에 있었고 나는 그렇지 않았기 때문이다. 그렇다고 내가 그들의 사상을 전부 믿거나 그들의 가르침을 맹목적으로 받아들여야 했다는 뜻은 아니다. 단지 내가 그들을 존중하는 것이 하나님 앞에서 마땅한 일이었다는 뜻이다.

중요한 것은 베드로와 바울은 권세자들에게 순종하려면 그들이 반드시 경건한 자들이어야 한다고 말하지 않는다는 점이다. 단지 하나님이 그들을 세우셨다고 말할 뿐이다. 정부의 흥망성쇠는 그저 하나님께 달려 있는 것이다. 구약 성경에서는 백성이 하나님께 저항하는 일이 비일비재하며(예를 들어, 하박국의 기록들), 하나님은 악한 지도자들을 보내셔서 백성이 회개할 때까지 압제와 고통을 겪게 하심으로써 그들을 벌하신다.

가장 높은 권세이신 하나님이 이 세상을 다스릴 권세를 자신의 아들 예수 그리스도께 위임하신다. 그다음 그리스도 아래에는 왕, 부모, 학교 교사, 그 외 모든 권위 있는 사람들이 있다. 따라서 만약 내가 하나님이 내 위에 두신 권세에 순종하지 않는다면, 그것은 곧 하나님께 순종하지 않는 일이다. 베드로가 "인간의 모든 제도를 주를 위하여 순종하[라]"(벧전 2:13)고 말하는 이유가 바로 그것이다. 우리가 인간의 제도에 순종하는 이유는 그것이 온 우주의 권세를 쥐고 계신 분이 누구인지를 증언하는 수단이기 때문이다.

03

칼과 열쇠

WHAT IS THE RELATIONSHIP BETWEEN CHURCH AND STATE?

 개신교 종교개혁자들은 세속 정부의 관리나 공직자에게는 그들 스스로 말씀과 성례를 시행할 수 있는 권한이 없다고 믿었다. 말씀과 성례는 교회의 핵심 직무이기 때문이다. 심지어 신정 국가였던 이스라엘에서도 제사장과 왕의 역할은 서로 구별되었다.

 구약 성경을 보면 이스라엘이나 유다에서 조금이라도 경건했던 왕이 손에 꼽을 정도인데, 그중에는 히스기야, 요시야, 다윗이 있다. 하지만 구약 역사에서 가장 위대했던 왕 중의 한 명은 웃시야였다. 그는 50년이 넘는 재위 기간에 수많은 개혁을 단행하며 경건에 힘쓴 사람이었다. 하지만 그에 관한 기록은 구약 성경에서 가장 비극적인 이야기가 되고 말았다. 그가 의로운 행위를 많이 했음에도, 결국에는 하나님이 그를 폐위하심으로써 부끄러운 죽음을 맞이한 것이다. 그렇게 된 이유는 그가 인생 말년에 마치 셰익스피어의 비극처럼 치명적인 악행을 저지르고 말았기 때문이다.

도대체 그는 어떤 행동을 했을까? 그는 성전에 들어가 스스로 제사를 지내는 월권행위를 했다. 다시 말해 왕관을 쓴 채로 제사장의 지위를 찬탈한 것이다. 그로 인해 하나님은 그를 나병으로 치셨다. 결국 그는 수치와 부끄러움 가운데 생을 마감할 수밖에 없었다. 이처럼 국가와 교회의 역할을 혼동하는 일이 고대 이스라엘에서도 일어났음을 볼 수 있다. 국가가, 혹은 좀 더 구체적으로는 왕이 교회에만 부여된 권한을 스스로 취하려 했던 것이다.

성경에서 이 두 제도를 분리해 놓은 뜻을 바로 이해하려면 먼저 교회와 국가 모두 하나님이 제정하셨음을 기억해야 한다. 로마서 13장에서 사도 바울은 국가의 가장 중요한 기능은 시민을 악으로부터 보호하는 것이라고 말한다. 종교개혁 당시 마르틴 루터는 국가의 영역과 교회의 영역을 서로 다른 두 영역으로 구분했다. 하지만 중세 시대와 종교개혁을 거치는 시기에는 국가가 교회에 상당한 권한을 행사함으로써 교회와 국가의 구분이 불분명해지는 일이 종종 있었다. 이번 장에서는 이와 같은 영향력을 고찰하되 미국의 상황을 중심으로 살펴보고자 한다. 그에 앞서 로마서 13장의 내용을 좀 더 깊이 들여다보고자 한다.

지난 장에서 우리는 바울이 다음과 같이 말한 것을 보았다. "각 사람은 위에 있는 권세들에게 복종하라 권세는 하나님으로부터 나지 않음이 없나니 모든 권세는 다 하나님께서 정하신 바라 그러므로 권세를 거스르는 자는 하나님의 명을 거스름이니 거스르는 자들은 심판을 자취하리라"(롬 13:1-2). 이토록 강한 어조로 바울이 가르치려 했던 점은 비록 로마가 폭압적인 정권인 것은 사실이지만 그럼에도 그리스도인에게는 로마 정부에 순종할 책임이 있다는 점이었다. 바울은 계속해서 이렇게 말한다.

다스리는 자들은 선한 일에 대하여 두려움이 되지 않고 악한 일에 대하여 되나니 네가 권세를 두려워하지 아니하려느냐 선을 행하라 그리하면 그에게 칭찬을 받으리라 그는 하나님의 사역자가 되어 네게 선을 베푸는 자니라 그러나 네가 악을 행하거든 두려워하라 그가 공연히 칼을 가지지 아니하였으니 곧 하나님의 사역자가 되어 악을 행하는 자에게 진노하심을 따라

보응하는 자니라 그러므로 복종하지 아니할 수 없으니 진노 때문에 할 것이 아니라 양심을 따라 할 것이라 너희가 조세를 바치는 것도 이로 말미암음이라 그들이 하나님의 일꾼이 되어 바로 이 일에 항상 힘쓰느니라(롬 13:3-6)

이 구절은 다소 이상주의적인 내용을 담고 있는 것처럼 보인다. 물론 사도 바울은 인간의 정부가 심각하게 타락해 끔찍한 부정을 저지를 수 있다는 점을 몰랐던 것이 아니다. 다만 그는 하나님이 제정하신 시민 정부에 어떤 역할이 주어지는지를 제시한 것이다. 즉, 정부는 정의를 수호하고 악을 처벌하기 위해 하나님의 손에 붙들려 사용되는 도구라는 점이다. 따라서 위의 본문에는 법과 정부의 기능에 대한 이중적 개념이 함께 뒤섞여 있다.

정부의 기능은 법을 제정하는 것이고, 그렇게 제정된 법은 정의를 수호하는 것이 본질이다. 하나님은 결코 그릇된 일을 행할 수 있는 권리를 국가에 주시지 않는다. 국가는 스스로가 곧 법인 양 자의적으로 권세를 행사하는 것이 아니라 하나님의 궁극적인 통치에 종속된다. 그렇기에 국가는 정의 수호라는 책무에 대해 하나님께 책임 추

궁을 당한다. 결국 바울이 말한 취지는 다음과 같이 정리할 수 있다. "너희는 정부의 관리를 두려워하며 살 필요가 없다. 왜냐하면 너희가 옳은 일을 행하면 그들에게서 칭찬을 받을 것이기 때문이다. 너희가 정부를 두려워해야 할 때는 법을 어길 때뿐이다. 만약 너희가 악한 일에 참여한다면 그때는 정부가 두려운 존재가 될 것이다."

물론 이것은 정부의 관료들이 그 책무를 정의롭게 수행하는 상황을 전제했을 때만 가능한 이야기다. 우리는 악한 행위와 원리를 인정하고 지지하고 옹호하는 정부가 있다는 사실을 알고 있다. 역사적으로 선을 억압하고, 또 그렇게 함으로써 의인들을 고통에 빠뜨렸던 나라가 많이 있었다. 그러나 로마서 13장에서 바울이 그리는 것은 모든 정부의 모습이 아니다. 그보다는 시민 정부의 목적이 무엇인지, 그들이 하나님 앞에 어떤 책임을 지고 있는지를 보여 주는 것이다.

국가의 역할에 대한 이해를 돕기 위해 바울은 정부의 관리가 공연히 칼을 가지지 않는다는 점을 우리에게 가르친다. 칼의 권력은 국가가 시민들로 하여금 법을 준수하도록 강제력을 행사할 권한이 있음을 나타낸다. 하나님이 국가의 공직자에게 무력을 사용하게 하시는 이유가 바로 이것이다. 이에 관한 첫 번째 예는 하나님이 에덴동산 입구에 천사들을 두시고 그들의 손에 불타는 검을 쥐여 주심으로써 아담과 하와에 대한 추방 명령을 이행하신 일이다. 동일한 원리하에 하나님은 인류의 역사 속에서 정부의 관리에게 칼을 들려 주셨다.

여기서 한 가지 중요한 점은 이 칼의 권력이 교회에는 주어지지 않는다는 사실이다. 교회의 사명은 강압이나 군사적 충돌로 전개해 나갈 수 없다. 기독교가 표방하는 것은 오직 십자가뿐이다. 대조적으로 이슬람은 초승달 모양의 칼과 검을 기치로 세운다. 이슬람에서는 종교 지도자들에게 정복이라는 과제가 주어지지만, 기독교에서는 교회에 칼의 권력이 주어지지 않는다. 이 칼의 권력은 오직 국가에 부여될 뿐이다.

국가가 칼의 권력을 쥐고 있다는 사실은 '정의로운 전쟁 이론'이라는 기독교의 고전적 견해에 대한 성경적 기초가 된다. 이 이론을 지지하는 이들은 전쟁은 다 악하지만, 그럼에도 전쟁에 참여하는 사람까지 다 악한 것은 아니라고 말한다. 예를 들어, 적대국의 침략 공격으로부터 자국민을 보호하기 위해 칼을 사용하는 것은 정당한 일이다. 이 견해에 따르면 무고한 국가를 공격하고 침략하는 일은 칼을 사용할 수 있는 국가의 권력을 오용하는 것이다. 칼을 부당하게 사용하는 것의 가장 좋은 예는 제2차 세계 대전 당시 독일이 폴란드와 주변 국가들을 침략한 일이다. 역으로, 정의로운 전쟁 이론에 따르면 침략당한 나라가 침략자들을 자기 영토 밖으로 쫓아내기 위해 칼을 사용하는 것은 정당한 일이다. 여기서 요점은 전쟁의 모든 파급 효과를 일일이 다 들여다보는 것이 아니다. 그보다는 바울이 위의 본문에서 하나님이 정부의 관리에게 칼의 권력을 주셨다고 말하고 있기에, 그 내용이 전쟁이라는 사안과 관련이 있음을 보이고자 한 것이다.

또한, 이 본문은 사형제도 논란과도 관련이 있다. 하나님이 국가에 이러한 칼의 권력을 주신 이유는 단순히 무력을 과시하게 하기 위해서가 아니라 정의를 지키고 무고한 약자들을 힘 있는 범죄자들로부터 보호하게 하기 위해서다.

이와 같은 권력이 교회에 부여되지 않는다는 점을 이해하는 것이 중요하다. 교회의 영향력과 권위는 영적 영역에 미치는 일이다. 이는 사역의 권능이며 칼의 권력과는 사뭇 다른 것이다. "펜이 칼보다 강하다"는 격언은 물리적 힘보다 더 강한 힘이 있음을 뜻한다. 마찬가지로 하나님의 나라를 전파하기 위해 교회에 주신 수단은 칼이 아니라 말씀과 섬김의 능력, 그리고 칼을 들고 오지 않으신 그리스도(마 26:52)를 닮아 가는 능력이다.

뒤집어 말하면, 국가가 아닌 오직 교회에만 주시는 권능도 있다. 웨스트민스터 신앙고백서 제23장 3항은 이 사실을 다음과 같이 설명한다. "정부의 관리는 말씀과 성례의 시행 혹은 천국 열쇠의 권세를 스스로 취할 수 없으며, 또한 믿음에 관한 사안에 조금이라도 개입할 수 없다." 이와 같은 금지 조항은 오직 교회에만 특정한 권능을 부여하는데, 그것을 "열쇠의 권세"라고 칭한다. 예수님은 제자들에게 이렇게 말씀하셨다. "내가 천국 열쇠를 네게 주리니 네가 땅에서 무엇이든지 매면 하늘에서도 매일 것이요 네가 땅에서 무엇이든지 풀면 하늘에서도 풀리리라"(마 16:19). 예수님은 이 천국의 열쇠를 국가가 아닌 교회에 주셨다. 그러므로 교회의 권징은 국가가 관여할 수 없는 일이다.

최근 미국에서 이런 일이 있었다. 교회가 교인을 권징했는데, 권징을 당한 그 교인이 교회의 결정에 불복해 세속 법정에 소를 제기한 것이다. 안타까운 일이지만, 회개하지 않는 죄인을 출교하기로 한 교회의 결정이 세속 법정에서 뒤집힌 일도 있었다. 이는 명백히 정부의 관리가 교회의 역할을 침탈한 일이다.

미국의 수정 헌법 제1조는 교회가 정부 관리의 간섭 없이 자유로운 종교 행위를 할 수 있는 권리를 보장한다. 그런데 만약 정부 관리가 열쇠의 권세를 탈취한다면, 이는 수정 헌법 제1조를 거스르는 일일 뿐 아니라 더 나아가 하나님을 거스르는 일이 된다.

계속해서 웨스트민스터 신앙고백서는 이렇게 밝힌다. "오히려 정부의 관리는 자녀를 돌보는 아버지처럼 특정한 기독교 교파에 편향된 특혜를 주지 않고 우리 모두의 주님이신 그분의 교회를 보호할 의무가 있다. 그럼으로써 모든 사역자가 아무런 폭력이나 위험에 처하지 않고 아무런 제약이나 논란이 없는 온전한 자유를 누리며 그들의 거룩한 직무를 감당할 수 있도록 해야 한다"(23.3). 교회와 국가의 일을 명확하게 구분할 필요성은 개신교 종교개혁에서 비롯된 원리였다. 교회의 소명은 국가를 위해 기도하고 국가를 지지하는 것이다. 반면 국가의 소명은 교회의 자유를 보장하고 그 자유를 파괴하려는 자들로부터 교회를 보호하는 것이다. 특정 교단이나 단체에 대한 특혜가 있어서도 안 되었다. 이것이 바로 정교분리 원칙의 근간이다.

웨스트민스터 신앙고백서의 내용을 계속해서 살펴보자. "또한, 예수 그리스도께서 그분의 교회 안에 일정한 치리와 권징의 방편을 지정해 놓으셨으므로, 교인들이 자신의 신앙고백과 믿음에 따라 자발적으로 가입한 **일체의 기독교 교파에서** 그러한 방편을 행사하는 데 연방 내의 그 어떤 법으로도 간섭하거나 방해하거나 저지해서는 안 된다"(23.3, 강조는 원문의 것). 교회에는 자체적인 법정이 있어야 하며, 그러한 교회 법정은 세속 법정의 간섭 없이 기능해야 한다. 둘은 서로 구별되어야 하며 서로의 관할권을 존중해야 한다.

우리는 교회와 국가의 관계에 대한 이 질문을 우리가 살아가는 시대 안에서 고민하고 있어 객관적인 태도를 유지하기 어렵다. 우리는 모두 각자의 문화적 맥락에서 비롯된 산물이기 때문이다. 그럼에도 그리스도인인 우리는 하나님의 말씀에 기초해 관점을 형성해 가야 한다. 그리하여 교회가 어떻게 제 역할을 감당해야 하는지, 교회의 사명은 무엇인지, 교회의 사명은 정부의 역할과 어떻게 다른지 등을 분명히 이해하고 있어야 한다.

교회에는 국가가 하나님의 명령에 순종하지 못할 때 이

를 비판할 소명이 있다. 예를 들어 낙태에 관한 논쟁을 보자. 만약 교회가 낙태와 관련해 국가를 비판하면 사람들은 분노하며 "교회가 자기들의 생각을 국가에 강요하려 든다"고 말할 것이다. 그러나 정부가 존재하는 가장 중요한 이유는 인간의 생명을 보호하고 유지하고 지지하는 것이다. 교회가 미국의 낙태법에 대해 불만을 제기하는 것은 국가에 교회가 되라고 요구하는 것이 아니다. 그저 국가가 국가의 일을 하라고 요구하는 것이다. 그것은 단지 하나님이 국가에 맡기신 일을 올바로 하라는 요구에 불과하다.

04

국교

**WHAT IS THE RELATIONSHIP
BETWEEN CHURCH AND STATE?**

　영어에서 길이가 가장 긴 단어 중에는 '국교폐지반대론'(antidisestablishmentarianism)이란 것이 있다. 그런데 이 단어는 그저 잡학 상식 중의 하나가 아니라 교회와 국가의 관계를 이해하는 데 굉장히 중요한 역할을 한다.

　이 단어의 의미를 한번 살펴보자. 여기에는 이중부정이 담겨 있다. 즉, '국교주의'(establishmentarianism)를 반대하는 '국교폐지론'(disestablishmentarianism)에 반대한다는 견해다. 국교주의는 교회가 국가의 세금을 통해 지원을 받고 다른 경쟁자들 위에 배타적인 권리를 갖는 것이다. 이렇게 소위 **공인된**(established) 교회는 정부의 특별한 혜택과 보호를 누리는데, 역사적으로 보면 영국 국교회, 독일 루터교회, 스코틀랜드 개혁교회, 스웨덴 루터교회 등이 그 예다.

국교폐지론은 이러한 국교주의를 폐지해야 한다고 믿는 것이고, 따라서 국교폐지반대론(이중부정은 긍정이 됨)은 국교를 폐지하는 일에 반대한다는 의미다. 이는 국교를 긍정적으로 보는 견해다.

미국의 역사를 생각해 보면 이 나라에 왜 국교가 없는지 금세 이해할 수 있을 것이다. 16, 17세기 유럽에서는 국교를 두는 것이 일반적이었다. 대부분 로마 가톨릭이나 특정 형태의 개신교를 공적으로 받아들였다. 영국은 16세기 헨리 8세 시절에 개신교 국가가 되었다. 헨리는 이혼을 원했지만 교황이 이를 허락하지 않았고, 그러자 헨리는 자신이 로마 가톨릭의 권위에 종속되지 않는다고 선언했다. 자신과 나라가 로마의 권위에서 자유롭다고 선언하면서 헨리는 자신에게 "신앙의 수호자"(fidei defensor)라는 칭호를 부여했다. 결국 절대 왕권은 정치 영역을 넘어 교회의 일에까지 영향을 미치게 되었고, 이로써 영국의 후세대에 급진적인 결과가 초래될 수밖에 없었다.

비록 로마 가톨릭을 떠나기는 했지만 헨리의 신학적 관점이 완전히 개신교적이지는 않았다. 그의 사후에는 에드워드 6세가 왕권을 물려받았다. 그는 자신이 개신교도라고 생각했고, 영국의 교회를 온전한 의미의 기독교 개신교회와 개혁교회로 변화시키려 했다. 하지만 그의 재위는 너무 짧았다. 그가 젊은 나이에 세상을 떠난 뒤 그의 누이 메리가 왕의 자리에 올랐다.

메리 1세는 "피의 메리"(Bloody Mary)라고 더 잘 알려져 있다. 그녀가 이렇게 불린 이유는 영국을 다시 로마 가톨릭 국가로 환원하기 위해 개신교에 광범위한 박해를 가했기 때문이다. 그로 인해 영국의 종교개혁 역사에 수많은 순교자가 발생하게 되었다. 피의 메리가 내린 포고령에 따라 수많은 사람이 화형당했으며, 영국의 개신교 종교개혁 운동을 이끌었던 다수의 지도자가 독일이나 스위스 등지로 망명하기도 했다. 제네바 성경은 16세기 중반 피의 메리가 집권하던 시기에 스위스로 떠났던 이 영국인들이 쓴 것으로, 그 후 약 100년간 지배적인 역할을 한 영어 성경이었다.

메리의 시대가 지나고 이복동생인 엘리자베스가 그 자리를 대신했다. 엘리자베스 1세는 "착한 여왕 베스"(Good Queen Bess) 혹은 "처녀 여왕"(Virgin Queen)이라는 이름으로 알려졌다. 그녀는 영국을 다시 개신교 국가로 회복했고, 메리의 박해를 피해 나라를 떠났던 이들의 귀환을 환영했다. 흔히 우리는 엘리자베스가 피의 박해를 종식한 어질고 인정 많은 왕이라고 생각할 때가 많다. 하지만 그렇지 않다. 또 어떤 이는 그녀가 로마 가톨릭을 박해의 대상으로 삼았다고 생각하나, 그것도 사실이 아니다. 오히려 그녀는 자신의 영토 안에 있는 특정 개신교도들에 대해 대대적인 박해를 벌였다. 이 개신교도들을 일컬어 비국교도라고 하는데, 왜냐하면 그들은 영국 국교회를 달가워하지 않았기 때문이다.

비국교도들은 성공회가 엘리자베스 치하에서 충분히 개혁되지 않았으며, 로마 가톨릭의 예배 형식을 연상케 하는 관행을 너무 많이 유지하고 있다고 믿었다. 성찬의 의식이나 사제의 의복 같은 것이 그러했다. 특히 비국교도들은 예배 중에 사제직의 중백의(中白衣)를 입게 하는 것에 반발했다. 그들이 이를 못마땅해했던 이유는 대중이 그러한 제의를 자신들이 거부했던 로마 가톨릭의 한 상징으로 보고 혼란스러워했기 때문이다. 그럼에도 엘리자베스는 비국교도들에게 중백의를 입게 하는 법안을 통과시켰다. 그 결과 영국 교회의 많은 목회자가 저항했고, 그로 인해 자신의 직분을 박탈당했다. 어떤 이는 감옥에 갇혔고, 어떤 이는 처형되었다. 이러한 비국교도들을 조롱하며 일컬었던 말이 바로 흔히 알려진 **청교도**다.

청교도들은 박해를 피해 다른 나라로 피난처를 찾아 떠났다. 네덜란드로 간 이가 많았고, 미국으로 온 이도 많이 있었다. 결과적으로, 뉴잉글랜드나 버지니아 같은 지역에서는 전통적으로 정부가 교회 일에 간섭하는 것에 강한 거부감을 느끼게 되었다. 하지만 당시 미국으로 이주한 이들 중 영국인만 있었던 것은 아니며, 개신교와 가톨릭을 막론하고 유럽의 다른 나라들에서도 미국으로 이주한 이들이 있었다. 역사적으로 이 시기에는 개신교도는 가톨릭교도를, 가톨릭교도는 개신교도를 박해하고 있었다.

이런 문화적 맥락에 비추어 보면 미국이 왜 그토록 신앙의 자유와 관용을 중시하는 나라가 되었는지 쉽게 알 수 있다. 이것이 바로 비국교주의의 원리다. 즉, 국가 교회가 있어서는 안 된다는 선언으로, 신앙을 가진 사람들이 정부 관리의 간섭이나 편견 없이 각자의 종교 활동을 할 수 있는 권리를 보호하기 위한 조치다. 그러면 미국의 수정 헌법 제1조에서부터 종교의 자유를 보장하는 이유를 쉽게 이해할 수 있다. 개신교도와 가톨릭교도가 서로 평화 가운데 공존해야 했기 때문이다. 결국 신앙을 가진 사람이면 누구나, 그들이 유대인이든 무슬림이든 힌두교도든 불교도든 기독교도든 누구라도 법적으로 동일하게 인정받을 수 있게 되었다.

이런 근본 원리가 낳은 한 가지 불행한 결과는 단순히 모든 종교가 용인되는 것을 넘어 모든 종교가 다 똑같이 옳고 타당하다는 가정이 보편화된 것이다. 그러나 정부에는 이런 주장을 할 권리가 없다. 헌법은 누가 옳고 누가 그른지를 선언하지 않는다. 헌법이 말하고자 하는 바는 그런 논쟁은 정부 차원에서는 다룰 수 없다는 것뿐이다. 그것은 신앙의 일이고 교회의 일이며, 따라서 세속 정부가 관여할 수 있는 범위 바깥의 일이다. 혹 기독교인이 정부 관리에게 자신들의 일을 해결해 달라고 설득하려 할 때는 굉장히 조심해야 한다. 왜냐하면 미국은 분리와 역할 분담의 원리를 준수해야 하는 나라이기 때문이다.

그런가 하면 오늘날의 문화에서는 '정교분리'라는 것이 정부가 하나님을 염두에 두지 않고 통치하는 것을 의미하게 되었다. 그러나 그것은 이 나라의 건국 원리가 아니다. 물론 나는 이 나라가 총체적으로 기독교적 배경 위에서 세워졌다고 믿지 않는다. 비록 17세기 메이플라워 서약은 총체적으로 기독교적 기초 위에 있었지만, 헌법이나 독립선언서 역시 그렇다고 믿지는 않는다. 그 과정에는 다수의 그리스도인과 함께 비그리스도인들도 관여했기 때문이다. 하지만 그 안에는 분명 유신론적 색채가 담겨 있다. 다시 말해, 미국은 교회와 국가 모두가 하나님 아래에 있다는 원리 위에 세워진 것이다. 그러나 오늘날 우리는 하나님의 심판대 앞에 선다는 개념을 싫어한다. 정부가 유신론적 도덕의 빛깔을 벗어 버리기를 원한다. 하지만 이는 수정 헌법 제1조, 혹은 이 나라의 근간이 된 본래 조항들에 담긴 본연의 취지가 아니다.

우리의 선조는 국가가 신앙 문제에 관여하지 못하게 하려 했지만, 오늘날 그들이 막으려 했던 바로 그 일이 일어나고 있다. 국가가 교회 생활 곳곳을 침범하는 사례가 굉장히 많은 것이다. 교묘한 방식으로, 그러나 분명히 일어나고 있다. 예를 들어 토지용도지정법(zoning laws)을 통해, 교회 건물의 크기나 첨탑의 높이를 제한함을 통해 그런 일이 일어난다. 또한 교회가 동성 결혼의 혼인 예식을 거절할 권리가 있는지와 관련해 일어나기도 한다. 더 나아가 고용주들은 피고용인들의 낙태 시술을 보장하는 의료 보험을 제공하라는 요구를 받고 있다.

나는 시간이 흐르면 흐를수록 세속 국가와 교회 사이의 이러한 충돌은 계속해서 증가할 것이라고 본다. 세계 역사를 들여다봐도 정부가 그리스도의 교회를 억압했던 예가 부지기수라서 그렇게 놀랄 일도 아니다. 우리는 할 수 있는 대로 저항해야 하지만, 또한 하나님의 주권을 믿고 평안히 거할 수 있어야 한다. 그분이 자신의 교회를 세우실 것이고, 따라서 그 나라는 영원할 것이기 때문이다.

미국에서 누리고 있는 이 자유를 우리는 당연하게 생각하기 쉽다. 하지만 그 자유를 얻기 위해 어떤 대가를 치렀는지 잊어서는 안 된다. 세속 정부의 극악한 박해를 피해 이 땅에 온 선조의 역사적 상황을 기억하길 바란다. 그들이 국교회를 받아들이려 하지 않았기에 국가는 칼을 사용해 그들에게 특정 교리를 강제하려 했다. 이는 명백히 잘못된 일이었다. 그때는 물론이고, 지금도 만약 우리가 똑같은 일을 하려 한다면 그 역시 마찬가지일 것이다.

하나님의 나라는 황제의 칙령이나 군대의 힘으로 세울 수 없다. 그것은 단 한 가지, 곧 복음의 선포를 통해서만 세워진다. (칼의 권능이 아닌) 오직 이 복음만이 하나님이 그분의 교회를 세우기 위해 정하신 능력이다. 따라서 우리 그리스도인은 앞으로도 계속해서 오직 이 능력에만 우리의 소망을 둘 것이다.

05

악의 도구

**WHAT IS THE RELATIONSHIP
BETWEEN CHURCH AND STATE?**

　미국의 그리스도인들은 때때로 헌신적인 신앙과 고도의 애국심을 혼동하는 경향이 있다. 어떤 이들은 하나님이 항상 우리 편일 거라고 여기며 그리스도의 기치를 미국의 국기로 포장해 버린다. 그러나 이 땅에서의 국적이 무엇이든 우리는 가장 먼저 우리의 왕이신 분과 우리가 속한 천국을 향해 충성을 다해야 한다. 나아가 세상의 정부는 그곳이 어디든 부패할 수 있다는 사실을 유념해야 한다. 예컨대 그곳이 독일이든 바벨론이든 로마든 러시아든 미국이든 예외가 아니다.

　교회와 국가의 관계라는 주제에는 흔히 간과하기 쉽고 또 다소 이해하기 어려운 한 측면이 있다. 우리가 계속해서 이 관계를 탐구해 갈 때 이 점을 반드시 고려해야 한다. 에베소서 6장 10절 말씀은 많은 이에게 익숙한 구절이지만, 이 구절을 교회와 국가의 관계에 적용하는 사람은 거의 없다. 바울은 다음과 같이 쓰고 있다.

끝으로 너희가 주 안에서와 그 힘의 능력으로 강건하여지고 마귀의 간계를 능히 대적하기 위하여 하나님의 전신 갑주를 입으라 우리의 씨름은 혈과 육을 상대하는 것이 아니요 통치자들과 권세들과 이 어둠의 세상 주관자들과 하늘에 있는 악의 영들을 상대함이라 그러므로 하나님의 전신 갑주를 취하라 이는 악한 날에 너희가 능히 대적하고 모든 일을 행한 후에 서기 위함이라(엡 6:10-13)

사도 바울이 하나님의 전신 갑주에 관한 이 유명한 말씀을 우리에게 준 이유는 그리스도인이 사탄의 교활함에 맞서 일어서게 하기 위함이다. 그런데 사탄의 활동에 대해 지극히 무심한 지금 시대에는 이 말씀이 좀 어색하게 들리기도 한다. 요즘은 사탄이라는 존재를 아예 생각하지 않고 사는 것이 일반적이기 때문이다.

그러나 바울에게는 사탄의 활동이 매우 실제적이었다.

하나님의 전신 갑주를 입으라는 말은 영적 전투에 대비하라는 의미다. 그 전투는 혈과 육을 상대하는 것이 아니라 영적인 힘에 대항하는 것이다. 바울은 그 힘을 "통치자들과 권세들과 … 하늘에 있는 악의 영들"이라고 밝힌다. 따라서 그는 지금 우리에게 영적이고 감추어진 어떤 영역의 통치자들을 상대하는 이 영적 싸움에 뛰어들 준비를 하라고 말하는 것이다.

신약 성경에는 로마의 권세와 압제와 폭정이라는 주제가 반복해서 등장한다. 예를 들어, 요한계시록의 종말론적 환상은 상당 부분 당시 로마의 박해를 받던 사람들을 위해 쓴 것이다. 대다수의 그리스도인이 요한계시록에 나타난 짐승은 훗날 있을 이 땅의 통치자를 가리킨다고 생각한다. 하지만 그 짐승은 일차적으로 네로 황제를 가리킨다고 굳게 믿는 학자들도 있다. 그는 로마 역사에서 악의 화신이었으며, 로마 제국 전역에 퍼져 있던 그의 별명 또한 놀랍게도 '짐승'이었다. 요한계시록이 그 사람을 염두에 두고 기록되었는지에 대해서는 논란이 있으나, 내가 주로 보이고자 하는 바는 인간의 정부가 영적인 권세와 세력의 도구가 되어 세상에 온갖 악행을 일삼을 수 있다는 점이다.

근래 역사에서 국가가 악마화되는 가슴 아픈 예를 여럿 볼 수 있다. 가장 먼저 우리는 제2차 세계 대전 당시 히틀러의 제3제국에서 자행된 전례 없는 비인간적 행위들을 목격했다. 히틀러의 나치 정권은 수백만 명을 학살했으며, 그 뒤를 이오시프 스탈린의 소비에트 연방, 마오쩌둥의 중화인민공화국, 폴 포트의 크메르루주와 같은 무신론적 정권이 뒤따랐다. 어떻게 하면 정부가 그토록 부패해 실질적으로 사탄의 힘에 붙들려 놀아나는 도구와 다를 바 없는 일을 할 수 있을까? 우선 우리는 하나님이 세우신 정부의 가장 중요한 역할이 인간 생명의 존엄성을 보호하고 유지하고 존속시키는 일임을 분명히 했다. 따라서 만약 정부가 독일이나 소련이나 이라크 등지에서 보았던 것처럼 집단 학살에 가담한다면, 그러한 정부는 정당한 사유 없이 인간의 생명을 말살함으로써 사탄의 하수인으로 전락하는 것이다.

국가가 인간 생명의 존엄성을 보호하지 못한 예로는 최근 큰 골칫거리가 되고 있는 낙태의 상시 허용 문제가 있다. 매년 수백 수천의 태아가 정부의 허용 속에 목숨을 잃고 있다(단, 1973년부터 낙태에 대한 여성의 권리를 미 연방 차원에서 보장해 온 판례가 폐기되어, 2022년 6월부터는 낙태권에 대한 결정 권한이 각 주로 넘어갔다—편집자 주). 교회가 이러한 불의에 저항하는 것은 국가의 영역을 침범하려는 것이 아니다. 단지 국가의 최우선 과제가 생명 보호라는 점을 상기시키려는 것이다. 어떤 정부든 생명의 파괴를 허용한다면 그것은 하나님이 부여하신 통치권을 잘못 사용하는 것이다.

다음으로, 정부는 사유 재산을 보호하기 위해 수립되었다. 십계명 중의 두 항목은 특별히 개인의 재산에 대한 권리를 보호하는 내용이다. 만약 정부가 사유 재산을 보호하지 않거나 빼앗는다면 이는 통치권을 남용하는 것이다. 왜냐하면 정부가 타인의 사유 재산을 훔치는 행위를 합법화하기 위해 권력을 사용했기 때문이다. 예를 들어, 구약 성경에서 아합왕이 나봇의 포도원을 빼앗았을 때 엘리야 선지자는 왕에게 하나님의 심판이 내리리라고 선언했다.

이스라엘 백성이 주변의 다른 나라들처럼 왕을 달라고 요구했을 때 그들에게 주신 경고를 떠올려 보라. 그들은 하나님을 왕으로 인정하지 않고 자기들이 눈으로 볼 수 있는 왕을 원했다. 하나님이 그런 왕은 백성의 자녀들을 군대로 데려다 전쟁에 나갈 것이라고 경고하셨다. 또한 그들의 말이나 밭, 그 외 다른 재산도 빼앗아 갈 것이며, 그들에게 부당한 세금을 지울 것이라고 하셨다(삼상 8:10-

18). 실제로 백성이 세운 왕들은 정확히 이 같은 일들을 했고, 세계 역사가 흘러오는 동안 권력을 쥔 자들이 해 온 일 역시 바로 이것이다.

로마서 13장의 말씀과 같이, 하나님은 정부가 국정에 필요한 비용을 충당하도록 국민에게 세금을 부과할 수 있는 합당한 권한을 정부에 주시며, 따라서 그리스도인은 하나님의 뜻에 따라 세금을 내야 한다. 하지만 정부는 탐욕과 부정에 눈이 어두워져 사실상 사유 재산을 몰수하는 수준의 세법을 강압적으로 제정할 수도 있다.

전국 규모의 한 정치 행사에서 어떤 연사가 '이상적인 부의 재분배'라는 주제에 관해 이야기한 적이 있다. 이것은 국가의 부를 널리 분배해 모든 사람이 편안하게 중산층 계급으로 편입되어야 한다는 사회주의 이상이다. 이 모든 것은 경제적 평등이라는 이름 아래 진행된다. 즉, 더 가진 자들의 것을 취해 덜 가진 자들에게 주는 것이다. 각자의 능력에 따른 분배에서 각자의 필요에 따른 분배로 전환된다. 학급을 예로 들면, A 학점을 받은 사람과 D 학점을 받은 사람을 데려다 그 둘에게 C 학점을 주고, 이런 식으로 학급의 나머지 학생들에게도 동일한 점수를 주는 것과 같다. 학생들이 시험을 잘 치렀는지, 공부를 열심히

했는지, 얼마나 많이 준비하고 노력했는지는 문제 되지 않는다. 모두가 같은 점수를 받는 것이다. 아마도 이것을 평등이라고 생각하는지 모르겠다. 하지만 그렇지 않다. 평등은 형평성과는 다른 것이며, 이런 식의 분배 정책은 하나님이 정부에 주신 역할, 즉 국민의 사유 재산을 보호하는 바로 그 역할에 어긋나는 것이다.

정부가 사람들의 소유를 빼앗을 때는 뭔가 더 높은 목표나 숙명에 호소하며 그것을 정당화하려고 한다. 하지만 아무리 더 큰 선에 호소하더라도 잘못된 일을 할 권리는 누구에게도 없다. 예를 들어 내가 여러분의 것을 빼앗아 다른 사람에게 준다면, 설령 그 일을 투표를 통해 한다 하더라도 그것은 여전히 도둑질일 뿐이다. 우리는 이것을 권한이라고 부른다. 내게는 여러분의 재산에 대한 권한이 없고, 여러분의 것을 훔칠 권한도 없다. 내 의도가 무엇이든, 내 절도 행위가 오로지 부자를 상대로 이루어지든 변하는 것은 없다. 그러나 오늘날 우리 문화에서는 '부자들은 감당할 능력이 된다'는 이유로 그들의 것을 빼앗는 것이 용인되고 있다.

우리 그리스도인은 이런 종류의 정치적 행위에 참여하지 않는 것이 중요하다. 투표권을 이용해 자신의 부를 쌓고 이익을 취할 수 있는 제도에 동참하기를 원치 않는 것이다. 하지만 안타깝게도, 미국의 정치권에서는 부의 재분배에 전념하는 특별한 이익 집단들이 단순히 용인될 뿐 아니라 기꺼이 받아들여지고 있다. 하나님의 말씀에서 보았듯이, 우리는 정치적 영향력을 사용해 다른 사람의 것을 빼앗아 자신의 배를 채우는 일이 금지된다. 결론적으로, 우리는 정부가 허용하는 도둑질에 가담해서는 안 된다.

 성경을 보면 의외로 생각지도 못했던 곳에서 그리스도인이 국가에 대해 어떤 책임을 지는지에 관한 놀라운 교훈을 발견할 수 있다.

 여러분은 아마 누가복음 2장에 있는 성탄절 이야기를 잘 알고 있을 것이다. 이 이야기는 가이사 아구스도가 내린 칙령에서부터 시작된다. 가이사가 조세 정책의 일환으로 모든 사람에게 자신의 출생지로 돌아가 인구 조사를 받으라고 명령한다. 그로 인해 사람들은 여러 어려움을 겪을 수밖에 없었다. 많은 이가 가이사의 세금 부과에 따르기 위해 고된 여행길에 올라야 했다. 그들이 자기 고향으로 돌아간 것은 휴가를 즐기기 위해서가 아니라 오로지 정부의 권위에 복종하기 위해서였다.

그 명령 때문에 요셉과 마리아는 갈릴리의 나사렛에서 베들레헴까지 먼 길을 떠나게 되었다. 요셉의 입장에서는 이 명령에 저항하며 이렇게 말할 수도 있었을 것이다. "잠깐만요, 지금 제 아내가 임신 9개월이라서, 인구 조사서에 이름 하나 적겠다고 베들레헴까지 가다가는 산모와 태아 둘 다 잃을 수도 있습니다." 이처럼 그는 부당한 법에 강력히 항의할 수도, 아니면 그저 그 법에 복종하지 않을 수도 있었을 것이다.

하지만 그는 그렇게 하지 않았다. 법을 따름으로 인해 큰 불편을 겪을 수 있었지만 그는 법에 순응하기 위해 자신의 아내와 아기의 생명에 닥칠지 모를 위험을 무릅쓰고 그 길을 떠났다.

요셉의 예는 시민 불복종(civil disobedience)이라는 중요한 논제를 불러일으킨다. 과연 교회나 그리스도인이 합법적으로 국가에 저항하는 행동을 할 수 있는가? 이 문제는 미국이 건국된 이래 지금까지 커다란 논쟁거리였다. 수많은 그리스도인이 영국의 왕권으로부터 독립을 선언하는 것이 합법적인지에 대해 의견을 달리했다. 시민 불복종이란 주제는 생각보다 복잡하다. 또한 기독교 신학자들과 윤리학자들 사이에서도 이에 대한 큰 이견이 존재한다.

바울이 "각 사람은 위에 있는 권세들에게 복종하라"(롬 13:1)고 한 말은 당시 로마 정부의 압제 아래 고통당하던 이들에게 쓴 것이다. 그럼에도 바울은 로마에 있던 신자들에게 제국의 신민으로서 세금을 납부하고 위에 있는 권세를 존중할 뿐 아니라 권력과 권세의 자리에 있는 이들을 위해 꾸준히 기도하라고 가르쳤다(롬 13:7).

웨스트민스터 신앙고백서는 다음과 같이 서술한다. "백성의 의무는 정부의 관리를 위하여 기도하고, 그들을 존중하며, 공세나 기타 부과금을 내고, 그들의 정당한 명령에 복종하며, 양심에 따라 그들의 권위에 순종하는 것이다. 불신앙이나 혹은 신앙의 차이 때문에 관리들의 정당하고 합법적인 권위를 무효화할 수 없으며, 그들에 대한 합당한 복종 의무에서 백성을 해방할 수도 없다"(23.4). 이는 설령 국가가 비종교적이거나 혹은 그 종교적 신념이 우리와 다르다고 해서 정부를 존중해야 하는 우리의 책임을 벗어 버릴 수 있는 것이 아니라는 의미다. 우리는 계속해서 정부의 공직자를 위해 기도하고 세금을 납부해야 한다. 이것이 우리에게 주어진 소명이다. 우리가 정부의 세금 부과 방식이나 그렇게 거둬진 세금을 사용하는 방식에 동의하지 않는다 해도 마찬가지다.

그러므로 첫 번째 원칙은 시민 **복종**이다. 시민 복종의 원칙이란 우리가 우리를 다스리는 권세에 동의할 때뿐 아니라 그렇지 않을 때도 그들에게 복종하라는 부르심이다. 그리스도인은 참으로 모범 시민이 되어야 할 소명을 부여받은 것이다.

이는 1, 2세기 로마 제국 내에서 기독교에 대한 박해가 일어났을 때 기독교 변증가들이 내세운 변론이었다. 예를 들어, 순교자 유스티누스는 안토니누스 피우스 황제 앞에서 자기와 다른 이들을 변호하며 말하길, 그리스도인은 제국의 가장 충성된 시민이며, 이는 그들이 왕이신 예수님이 황제를 존중하라고 명하신 것을 따르기 때문이라고 했다. 유스티누스는 신약 성경 안에 깊이 뿌리내려 있는 시민 복종의 윤리를 이해하고 있었다. 사실 이러한 윤리 규범이 성경 곳곳에 나타나 있다 보니 우리는 언제나 정부 관리에게 복종해야 한다고 쉽사리 결론 내릴 수 있다. 하지만 곧 보게 될 것처럼 반드시 그런 것은 아니다. 성경은 단지 그리스도인은 할 수 있는 한 정부에 복종해야 한다고 상당히 강조하고 있을 뿐이다.

그 말은 우리가 항상 복종해야 한다는 뜻인가? 당연히 그렇지 않다. 그리스도인은 정부 관리에 대한 복종 여부를 자유롭게 결정할 때도 있지만, 또 **반드시** 불복종해야 할 때도 있다.

사도행전에서 베드로와 요한이 걷지 못하는 사람을 고쳐 준 후 유대인의 지도자들이 모인 공회에 불려 갔던 이야기를 한번 생각해 보라.

> 그들이 베드로와 요한이 담대하게 말함을 보고 그들을 본래 학문 없는 범인으로 알았다가 이상히 여기며 또 전에 예수와 함께 있던 줄도 알고 또 병 나은 사람이 그들과 함께 서 있는 것을 보고 비난할 말이 없는지라 명하여 공회에서 나가라 하고 서로 의논하여 이르되 이 사람들을 어떻게 할까 그들로 말미암아 유명한 표적 나타난 것이 예루살렘에 사는 모든 사람에게 알려졌으니 우리도 부인할 수 없는지라 이것이 민간에 더 퍼지지 못하게 그들을 위협하여 이 후에는 이 이름으로 아무에게도 말하지 말게 하자 하고 (행 4:13-17)

베드로와 요한은 걷지 못하던 사람을 그리스도의 능력으로 고쳐 주었다. 유대의 지도자들은 그것이 하나님이 일으키신 기적임을 알았지만, 그 사실을 인정하면 어떤 결과가 초래될지도 잘 알았다. 어떤 이는 그들이 이렇게 말했어야 한다고 생각할지 모르겠다. "자 이제, 이 기적이 그리스도의 능력으로 우리 눈앞에서 일어났으니 우리는 회개하고 그분께 굴복해야 한다." 물론 그들은 그렇게 말했어야 했다. 하지만 그들은 오히려 이렇게 말했다. "우리가 이것을 부정할 수는 없다. 하지만 우리가 증오하는 이 분파와 그들이 행하는 기적이 확대되는 것을 늦출 수는 있다. 그들을 엄히 겁박해 이제부터는 누구에게도 이 이름을 말하지 못하게 하자. 우리에게는 저들을 다스릴 수 있는 권력과 권위가 있으니 그것으로 저들에게 엄중히 경고해 그리스도의 이름을 전파하지 못하게 하자."

그래서 결국 어떻게 되었는가? "그들을 불러 경고하여 도무지 예수의 이름으로 말하지도 말고 가르치지도 말라 하니"(행 4:18).

여기서 잠시 유대 지도자들의 행위를 되새겨 보는 것이 중요하다. 권세를 쥔 자들은 베드로와 요한에게 다시는 그리스도에 대해 말하거나 가르치지 말라고 명령했다. 이제 다음과 같은 질문을 던져 보자. "만약 그때 베드로와 요한이 그 명령에 복종했더라면, 나는 지금 이 책을 읽고 있을까?" 만약 그때 사도들의 공동체가 권세에 굴복해 그 명령을 따랐더라면, 바로 그 순간 기독교는 끝장났을 것이다.

그러나 결말은 매우 단순했다. 관리들은 사도들에게 그리스도께서 명하신 일을 하지 못하도록 침묵을 명했다. 하지만 다음 절에 나타난 그들의 답변을 들여다보라. "베드로와 요한이 대답하여 이르되 하나님 앞에서 너희의 말을 듣는 것이 하나님의 말씀을 듣는 것보다 옳은가 판단하라 우리는 보고 들은 것을 말하지 아니할 수 없다 하니"(행 4:19-20).

하나님의 법과 인간의 통치 사이에 노골적이고 직접적이고 명백한 충돌이 있을 때, 여러분은 누구에게 복종하겠는가? 간혹 인간 통치자들이 하나님이 금하신 일을 명하거나 하나님이 명하신 일을 금하는 경우가 있기 때문이다. 원칙은 아주 간단하다. 만약 어떤 통치자(정부 공직자나 기관, 학교 교사, 직장 상사, 군대 지휘관)가 여러분에게 하나님이 금하신 일을 명하거나 혹은 하나님이 명하신 일을 금하면, 여러분은 불복종**할 수** 있을 뿐 아니라 오히려 불복종**해야** 한다.

이런 원리를 머리로 외우는 일이야 금세 할 수 있지만, 그것을 적용하는 일은 굉장히 복잡할 수 있다. 왜냐하면 우리는 죄인이어서 자기의 이익을 위해 상황을 자기에게 유리한 쪽으로 꼬거나 비틀려고 하는 경향이 매우 강하기 때문이다. 우리는 이 사실을 반드시 깨달아야 한다. 우리 위에 두신 권세에 불복종하기 전에 먼저 **뼈**를 깎는 고통 속에서 우리 자신을 돌아보며 우리가 **왜** 불복종하려 하는지 명확하게 이해해야 한다.

만약 직장 상사가 자신의 횡령 혐의를 무마하려고 내게 회계장부를 조작하라고 지시한다면, 나는 거기에 불복종해야 할 것이다. 만약 정부 당국자가 여러분에게 낙태해야 한다고 말한다면, 여러분은 거기에 불복종해야 할 것이다. 왜냐하면 여러분은 그보다 더 높은 권세 아래 있기 때문이다. 만약 권세자들이 성경을 나눠 주거나 하나님의 말씀을 전하는 일을 못하게 한다면, 그래도 우리는 그 일을 해야 한다. 왜냐하면 우리에게는 열방을 제자 삼으라 하신 그리스도의 명령이 있기 때문이다.

이것이 바로 신앙의 자유가 중요한 이유다. 거기서부터 양심에 따라 행동할 수 있는 권리가 나오기 때문이다. 안타깝게도 현재 미국에서는 이러한 권리가 무너지고 있다.

베트남 전쟁이 한창이던 시절 나는 대학에서 강의를 하고 있었다. 그때 내 수업을 듣던 학생 중에는 전쟁에 반대하는 이가 많았다. 그들은 양심적 병역 거부를 통해 그 전쟁에 참여하지 않으려 했다. 그들은 내게 자신들의 거부 의사가 진실하다는 것을 확인하는 진술서에 서명해 줄 수 있는지 물었고, 나는 그렇게 해 주었다. 내가 학생 몇 명의 진술서에 서명해 주었던 이유는 그들이 전쟁의 복잡성을 잘 이해하고 있다고 생각했기 때문도 아니고, 나 자신이 미국의 참전은 잘못된 일이라고 확신했기 때문도 아니다. 사실 나는 우리의 참전 여부에 대해 확신이 서지 않았다. 그러나 이 젊은이들은 우리가 개입하는 것은 잘못된 일이라고 분명히 확신하고 있었다. 나는 그저 그들의 생각이 진실하다는 것을 증명해 주었을 뿐이다.

당시에는 너무나 많은 젊은이가 양심적 병역 거부자 지위를 얻으려다 보니 그로 인해 위기가 오기도 했다. 그 결과 정부는 사람들이 단지 베트남 전쟁만 아니라 모든 전쟁에 반대한다는 것을 증명할 수 있어야만 양심적 병역 거부자 지위를 받을 수 있도록 규정을 바꿨다. 다시 말해 자신이 평화주의자임을 입증할 수 있어야 했던 것이다. 하지만 역사적으로 많은 그리스도인은 그와 같은 흑백논리적 시각을 지나치게 단순화한 것으로 생각했으며, 수많은 신자가 시민 불복종과 관련해 매우 곤란한 상황에 처

할 수 있었다.

  비록 우리 정부에서 양심의 원리는 무너져 내리고 있지만, 그럼에도 시민 불복종 행위는 여전히 남아 있다. 20세기 중반 억압받았던 많은 사람이 지역 법령을 위반하며 시작한 민권 운동에서 이 점이 증명되었다(1950-1960년대 미국에서 아프리카계 미국인들이 인종 차별적 법령에 저항해 벌인 몽고메리 버스 보이콧 운동, 싯인 운동, 자유 승차 운동 등 대규모 민권 운동은, 헌법이 보장하는 평등권에 대한 인식을 높이고 차별 철폐로 크게 다가서는 계기가 되었다-편집자 주). 이 운동은 지역 법률이 부당하다는 점과 미국 헌법에 어긋난다는 점을 명백히 드러내려 한 것이었다.

  시민 불복종 문제는 복잡하므로 교회와 국가의 관계의 기본적인 원리를 숙지하는 것이 참으로 중요하다. 바울이 로마서 13장에서 말한 것처럼, 먼저 우리는 위에 있는 권세에 복종해야 한다. 왜냐하면 그들의 권력은 하나님이 친히 부여하신 권력이기 때문이다. 이것이 시민 복종의 원리다. 그러나 그 권세가 우리에게 하나님이 금하신 일을 명하거나 반대로 하나님이 명하신 일을 금한다면, 우리는 이 땅의 권세보다 하나님께 복종해야 한다.

  하나님은 이 땅에 교회와 국가라는 두 영역을 세우셨

다. 각 영역은 고유의 권한 범위가 있고, 따라서 서로가 다른 영역의 권리를 침해해서는 안 된다. 그리고 우리 그리스도인은 이 두 영역 모두에 깊은 존중과 관심을 가져야 한다.

리고니어 미니스트리(Ligonier Ministries)는 1971년 R. C. 스프로울 박사가 많은 사람에게 하나님의 거룩하심을 온전히 선포하고 가르치고 변호하기 위해 설립한 국제적인 기독교 제자훈련 기관입니다. 리고니어 라이브러리(Ligonier Library) 배지는 전 세계와 여러 언어권에 신뢰할 수 있는 자료임을 나타냅니다.

리고니어 미니스트리는 예수님이 주신 지상명령에 헌신하기 위해 전 세계에 인쇄 및 디지털 형식으로 제자훈련 자료를 제공하고 있습니다. 신뢰할 수 있는 도서, 기사, 영상 강의 시리즈를 50개 이상의 언어로 번역하고 더빙합니다. 우리의 소망은 그리스도인은 무엇을 믿는지, 왜 믿는지, 믿는 대로 어떻게 살아가는지, 믿는 바를 어떻게 공유하는지를 잘 알도록 도움으로써 예수 그리스도의 교회를 지원하는 것입니다.

LIGONIER.ORG
ko.LIGONIER.ORG

사명선언문

너희가 흠이 없고 순전하여……세상에서 그들 가운데 빛들로
나타내며 생명의 말씀을 밝혀 _ 빌 2:15-16

1. 생명을 담겠습니다
만드는 책에 주님 주신 생명을 담겠습니다.
그 책으로 복음을 선포하겠습니다.

2. 말씀을 밝히겠습니다
생명의 근본은 말씀입니다.
말씀을 밝혀 성도와 교회의 성장을 돕겠습니다.

3. 빛이 되겠습니다
시대와 영혼의 어두움을 밝혀 주님 앞으로 이끄는
빛이 되는 책을 만들겠습니다.

4. 순전히 행하겠습니다
책을 만들고 전하는 일과 경영하는 일에 부끄러움이 없는
정직함으로 행하겠습니다.

5. 끝까지 전파하겠습니다
모든 사람에게, 땅 끝까지, 주님 오시는 그날까지
복음을 전하는 사명을 다하겠습니다.

서점 안내

광화문점	서울시 종로구 새문안로 69 구세군회관 1층 02)737-2288 / 02)737-4623(F)
강남점	서울시 서초구 신반포로 177 반포쇼핑타운 3동 2층 02)595-1211 / 02)595-3549(F)
구로점	서울시 동작구 시흥대로 602, 3층 302호 02)858-8744 / 02)838-0653(F)
노원점	서울시 노원구 동일로 1366 삼봉빌딩 지하 1층 02)938-7979 / 02)3391-6169(F)
일산점	경기도 고양시 일산서구 중앙로 1391 레이크타운 지하 1층 031)916-8787 / 031)916-8788(F)
의정부점	경기도 의정부시 청사로47번길 12 성산타워 3층 031)845-0600 / 031)852-6930(F)
인터넷서점	www.lifebook.co.kr